CATALOGUE

DE TABLEAUX PRÉCIEUX,

Deſſins , Gouaches & Miniatures , Terres cuites ; Marbres, Bronzes, Vaſes, Colonnes & Tables en porphyre ; Granit, Serpentin, & autres matières rares ; Porcelaine du Japon & de la Chine ; beaux Meubles, par *Boulle* & autres, en laque & pierres de rapport ; Pendules de différens modèles & par des auteurs renommés ; Pierres gravées, montées en bagues ; Tabatières curieuſes, &c. &c.

Par A. J. PAILLET.

Dont la Vente ſe fera au plus offrant & au comptant le 23 Thermidor, an 3ᵉ, & jours ſuivans de relevée, rue de l'Univerſité, nᵒ 905, entre la rue de Beaune & celle des St.- Pères.

L'expoſition de tous les objets compoſant cette vente conſidérable aura lieu pendant les matinées des trois jours qui la précéderont, depuis 11 heures juſqu'à 2 heures.

Le préſent Catalogue ſe diſtribue ,

A PARIS ,

Chez
{
A. J. PAILLET, Mᵈ de Tableaux & de tous articles curieux, rue des Meneſtriers, Nᵒ 631 ;
G. H. LAROCHE, rue de la Vrillère ;
L. F. J. BOILEAU, rue du Bacq, Nᵒ 847.

AN IIIᵉ DE LA RÉPUBLIQUE.

A V I S.

Les objets vendus ne feront délivrés qu'à
fur & à mefure du payement des prix de
l'adjudication, & les adjudicataires feront tenus
de retirer & folder toutes leurs acquifitions
au plus tard le dernier jour de la vente, à
l'effet de quoi on fera pendant la matinée
du lendemain de chaque jour de vente la
délivrance des objets qui n'auroient pas été
payés la veille.

AVANT-PROPOS.

La Collection précieuse & confidérable dont nous annonçons préfentement la vente publique & détaillée par la voie des enchères, offrira encore aux amateurs une occafion brillante pour acquérir des objets diftingués & de choix dans les différens genres de curiofités dont elle eft compofée ; on diftinguera dans la partie des Tableaux des productions capitales & rares des écoles d'Italie, de Flandre, de Hollande & de France, & notamment des morceaux précieux de *Romanelli*, *Paul Matey*, de *C. Maratt*, *Sébaftien Conca*, *P. P. Rubens*, *P. Brill*, *David Teniers*, *Phil. Wouvermans*, *Guillaume & Adrien Vandelvelde*, *Karel du Jardin*, *J. Vander Heyden*, *Alb. Cuyp*, *Ad. Pinaker*. *C. Bega*, *Fr. & Guill. Mieris*, *C. Poëlembourg* & autres grands peintres, de ces deux écoles. Parmi les ouvrages françois on citera auffi avec avantage différens tableaux capitaux de *Ph. de Champagne*, *C. Vanloo*, *Jofeph Vernet*, *Cafanova*, *Loutherbourg*, *Lépicié*, *Leprince*, *Fragonard* & autres artiftes modernes, juftement célèbres. Le furplus des articles précieux qui compofoient ce riche & magnifique Cabinet, déjà anciennement formé, & très-avantageufement connu, confifte 1° en plufieurs belles Figures de marbre, fortes comme nature, & d'autres proportions diverfes, dont le Gladiateur mourant, d'après l'antique ; une figure de l'Amour, par un artifte françois ; la petite Joueufe d'offelets & autres ; 2° en Figures, Buftes, Grouppes & autres objets d'ornemens en bronze du plus beau choix & de grand caractère, dont une petite Statue de l'Apollinne de quatre pieds & demi de haut, & de la plus admirable exécution ; 3° enfin, & toutes fortes de Meubles de la plus grande richeffe en ornemens & marqueteries, par le célèbre *Boulle* ; d'autres en vieux *laque*, & une fuperbe Commode enrichie de matières précieufes ; fuite de Vafes & Colonnes en porphyre, granit & marbres rares, tant de l'Égypte & d'Italie que Vofges ; quelques Pendules de beau volume & de bon genre ; un choix diftingué de Porcelaines rares & anciennes du Japon, de la Chine & de Sèvres, préfentant des morceaux finguliers & précieux, la plupart ornés de belles montures en bronze doré ; on y trouvera enfin des Deffins & Gouaches de bon choix, Luftres de cryftal de roche, une fuite de Pierres gravées montées en bagues, quelques Tabatères & Bijoux précieux & autres objets en tous genres, dont la réunion formera l'enfemble le plus frappant & le plus magnifique; pour laiffer au public le tems d'examiner à loifir tout ce que ce Cabinet contient de riche & de bon goût dans toutes fes parties, l'expofition aura lieu pendant les trois jours qui précéderont celui de la vente, depuis dix heures du matin jufqu'à deux heures, dans la maifon indiquée pour ladite vente, & où les Amateurs nous trouveront préfens pour recevoir les commiffions dont ils voudroient nous charger.

Les défectuofités que nous avons apperçues dans les pièces cafuelles ont été foigneufement annoncées dans les articles de defcription du Catalogue, & fi quelques-unes nous avoient encore échappées, nous y fuppléerions au moment de la vente.

CATALOGUE

DE TABLEAUX

DES PLUS GRANDS MAITRES

HOLLANDOIS, FLAMANDS, FRANÇOIS & ITALIENS ;

Gouaches, Deſſins, Marbres, Bronzes, beaux Meubles, &c. &c. &c.

TABLEAUX.

ÉCOLE D'ITALIE.

Guerchin.

Nº 1ᵉʳ. Le Berger Endymion, repréſenté de grandeur naturelle, aſſis & endormi, ayant le coude appuyé ſur une pierre. Ce tableau, attribué au Guerchin, eſt encore une de ces productions dont nous abandonnons le jugement aux connoiſſeurs. Hauteur 46 pouces, largeur 39. T.

Dominico Fety.

2. Un Tableau de la touche la plus hardie et du plus grand ſtyle ; dans les caractères il repréſente un ſujet de ſainte famille ou la fécondité dans un payſage. H. 28 po., larg. 42. T.

Romanelli.

3. Deux Tableaux très-fins d'exécution & d'une touche préciſe : l'un repréſente Appollon, qui écorche le

A

fatyre Marfias ; l'autre , Attalante et Hyppomène. H.
8 po. même larg. C·

Sébaſtien Conca.

4. Le ſujet de la Samaritaine, compoſition de trois
figures vues à mi-corps & plus fortes que nature. Le
caractère noble et intéreſſant de la femme fixera ſans
doute les regards et l'attention des amateurs de cette
grande école. Nous annonçons encore que ce tableau ,
marquant par ſon ſtyle, eſt de la plus parfaite con-
ſervation. H. 45 , po. , larg. 72 p. T.

C. Maratti.

5. Deux Tableaux de forme ovale, offrant les compoſitions les plus gracieuſes ; l'un repréſente Jupiter ,
transformé en cigne , & careſſant Léda ; l'autre ,
Danaé , recevant la pluie d'or. Ces tableaux tiennent
encore au pinceau de *P. Mattey.* H. 11 , p. larg. 13
p. Cuivre.

Par le même.

6. Un autre tableau, repréſentant une figure de S. Lau-
rent, vu à mi-corps , ayant le regard élevé vers le
ciel , & tenant les attributs de ſon martyr. H. 30 p.
larg. 22. T.

Michel-Ange de Caravage.

7. Un Tableau d'une excellente couleur & d'un effet
de clair obſcur admirable. Il repréſente St. Pierre,
délivré de la priſon par un Ange. H. 32 po., larg.
24. T.

Philippe Lauri.

8. Un tableau capital par ſa compoſition et des plus
vigoureux de couleur. Il repréſente le ſujet d'un
ſacrifice troublé par des combattans. H. 18 po., larg.
30. T.

Attribué à Murillos.

9 Un buſte de jeune homme, repréſenté de trois quarts,
la tête couverte d'un chapeau orné de plumes, &
tenant de la main gauche une brioche. H. 14 , l. 18.

ÉCOLES FLAMANDE ET HOLLANDOISE.
Jean van Eck.

10 Un Tableau de l'ancienne école flamande, repréſentant J. C. à table avec ſes diſciples. H. 24 po. larg. 30. B.

P. P. Rubens.

11 Le Buſte d'un jeune homme vu preſque de face, coëffé de cheveux bruns, & ajuſté d'un collet de batiſte, qui ſe détache ſur un habillement noir. H. 12 po. larg. 9. B.

Par le même.

12 L'Eſquiſſe d'un des tableaux capitaux de cet artiſte, repréſentant l'Adoration des Bergers, compoſition de ſix figures admirablement groupées. H. 12 l. 8. B.

Antoine Vandick.

13 Le Portrait de l'évêque de Cantorbery, repréſenté de face & juſqu'aux genoux, dans un habillement d'un miniſtre de ſon culte. Ce tableau, qui provient de différentes ventes marquantes, y a jouit d'une haute renommée et d'une grande valeur, toujours ſous le nom de Vandick. Au ſurplus, nous invitons les amateurs à décider de l'authenticité. H. 40 po. lar. 33. T.

Paul Bril.

14 Deux Tableaux d'une grande perfection & dignes d'occuper une place marquante dans les plus conſidérables cabinets. Ils offrent différens ſites de payſages, ornés de figures, ſujet de ſable. H. 17 po. larg. 22. T.

Mathieu Bril.

15 Un petit Tableau, vue d'un port, où ſont quantité de barques chargées de marchandiſes. H. 10 po. larg. 12. C.

Branghel, dit de Velours.

16 Le point de vue d'un payſage de Flandre & d'un Canal, dont le premier plan eſt orné de quelques

barques & bâteaux de pêcheurs. Ce petit tableau est d'un bon choix & de la touche la plus légère dans le feuillé des arbres. H. 6 po. 6 lig, larg 9 p. C.

Henri Stenwick.

17 La vue intérieure d'une Eglise de Flandre, éclairée au jour & au moment de l'exercice du culte. On y compte plus de trente figures distribuées avec intelligence, par *François Franck*. H. 8 po. 6 lig. larg. 12 po. 6 lig. B.

David Teniers.

18 Un Tableau très-renommé & connu sous le titre de scieur de long. Il représente la vue intérieure de l'attelier d'un charpentier, où les ouvriers sont différemment occupés. On remarque dans cette composition pittoresque deux hommes occupés à refendre une pièce de bois, qui est placée sur des treteaux elevés. Tous les détails, dans cet ouvrage qui produit l'illusion de la nature, ont un intérêt qui le font admirer, & qui le classe au nombre des plus belles productions de chaque genre. H. 30 po. larg. 36. T.

Par le même.

19 Un autre tableau encore de la touche spirituelle & précieuse de *Teniers*, représentant l'intérieur d'une chambre rustique, servant d'étable. Dans le milieu on remarque une vieille femme assise, tenant un devidoir & paroissant répondre aux questions que lui fait un jardinier. Au second plan, on distingue deux vaches & un valet qui porte un baquet, divers ustenciles de ménage, forment accessoires sur le devant. H. 20 po. larg. 27. B.

Par le même.

20 Un Chymiste dans son laboratoire & assis près d'une table ronde, sur laquelle sont des livres qu'il semble consulter. On voit encore au second plan deux de ses élèves, occupés au fourneau. A la droite du sujet est une croisée ouverte, qui produit sa lumière sur les personnages. H. 13 po. larg. 17. B.

Par le même.

21 L'intérieur d'une chambre rustique, où l'on voit un paysan & une jeune fille assis près d'une table. Cette dernière paroît essayer à jouer d'un flageolet, tandis que l'homme, appuyé sur ses coudes, la regarde avec complaisance. On remarque encore dans une porte entr'ouverte une vieille femme espionnant ce tête à tête. H. 12 po. larg. 3. B.

Par le même.

22 Un Médecin ou Chimiste, vu debout dans son laboratoire, & près d'une table où sont posées différentes fioles relatives à son art. Cette figure caractérisée est ajustée dans un costume pittoresque, & présente l'ouvrage d'une des matinées brillantes *de Teniers.* H. 12 po. larg. 9 po. 6 lig. B. de forme ovale.

Par le même.

23 Le point de vue d'un paysage de Flandre, avec chaumières pittoresques. Le premier plan de ce tableau, d'un ton de couleur argentin, est orné de six figures, dont quatre paysans qui causent ensemble. H. 6 po. larg. 9. B.

Par le même.

24 St. Jérôme, dans un habillement de cardinal, en extase à l'apparition d'un ange, qui descend sur un nuage. Ce tableau pastiche, dans le genre italien, est de la belle touche *de Teniers,* & du ton de couleur le plus riche. H. 16 po. larg. 12. B.

Ph. Wouvermans.

25 Un Tableau de la première classe & du plus beau choix parmi les ouvrages nombreux de *Ph. Wouvermans,* & que nous croyons gravé sous le titre de la levée du camp. Il représente une grande étendue de pays couverts de troupes, chevaux & attirails de guerre. Parmi diverses figures qui ornent le premier plan, on remarque une jolie vivandière qui danse au

son du violon d'un soldat. Quelques officiers, du même côté, semblent prendre intérêt à cette scène agréable. Il n'est pas commun de rencontrer des compositions aussi riches, & plus heureusement conservées. H. 18 po. larg. 24. B.

Ad. Vandevelde.

26 Un paysage clair & admirable, dont le premier plan est couvert de différens animaux; leurs positions variées & naturelles offrent ce degré de perfection qui produit une juste imitation de la nature. Nous invitons les curieux à fixer leur attention sur ce tableau parfait & dans lequel on n'a rien à desirer. H. 13 po. larg. 15 po. 6 lig. T.

Karel Dujardin.

27. Un Charlatan, sur une place publique, & vu debout près de son théâtre, dans un costume espagnol, pinçant une guitarre pour attirer les spectateurs. On y voit déjà trois jeunes enfans qui regardent ce personnage avec attention, tandis qu'un arlequin fait un geste comique en passant sa tête à travers un grand rideau. Un petit chien, placé sur le devant du sujet, y donne encore un grand intérêt. Tous les éloges peuvent être attribués à ce tableau admirable & de la plus rare conservation. H. 15 po. larg. 12. T.

Par le même.

28 Un autre tableau aussi parfait de qualité, offrant un sujet de trois figures et un âne, vus en racourcis. L'un de ces personnages est un vieillard, nud jusqu'a la ceinture, & qui semble être menacé par un brigand, tandis que son camarade, coëffé d'un casque, est assis sur une pierre. On voit encore deux chiens, qui contribuent à lier admirablement cette composition naturelle, & rendue avec une finesse de touche & un empâtement de couleur qui n'appartenoient qu'à ce maître. Même dimention du précédent. T.

Rembrandt van Rhin.

29 Une étude savante, de couleur & de la touche la

plus hardie, repréfentant une vieille cuifinière, vue de
face, à l'appui d'une croifée. H. 28 po. larg. 22. T.

Godefroy Scalken.

30 Un intérieur de tabagie, où l'on voit trois perfonnages
autour d'un tonneau fur lequel eft placée une lumière
dont le reflet fe porte fur les figures et tous les ac-
ceffoirs de cette compofition naturelle & intéreffante.
On ne peut rien citer ni préfenter de plus précieux &
de plus capital de cet artifte, qui a porté les effets de
lumière au plus haut degré de vérité. H. 8 po. larg.
12. B.

Guil. van Develde.

31 Une mer agitée, fur la droite de laquelle font deux
barques à la voile, qui fe détachent fous un ciel nébu-
leux & le plus heureufement nuagé. Sur un plan éloigné, on diftingue encore un navire battu par les flots.
Ce tableau, d'une grande confervation, peut être
placé au nombre des chefs d'œuvres de fon genre. H.
12 po. larg. 14. T.

Par le même.

32 Un autre tableau auffi parfait, repréfentant une mer
calme, avec diverfes barques de pêcheurs, garnies de
leurs voiles. Même grandeur du précédent. T.

Corneil Bega.

33 Un Tableau d'une fineffe admirable & du meilleur
choix parmi les ouvrages de cet artifte. Il repréfente
une jeune Hollandaife, affife dans un intérieur d'ap-
partement & appuyée fur une table où eft pofé un vafe
de fleur. H. 13 po. larg. 11. T.

Adrien van Oftade.

34 Le point de vue d'une maifon ruftique, au-dehors
de laquelle eft un payfan qui joue de la vielle, ayant
autour de lui trois enfans qui l'écoutent. Cette compofition naturelle eft auffi d'une touche précieufe &
du ton de couleur le plus vigoureux. H. 13 po. larg.
12 po. 6 lig. B.

Par le même.

35 Un Payfan, vu à mi-corps & dans l'attitude de porter une fenté. Ce petit morceau eft une étude précieufe & naturellement rendue. H. 6 p. 6 lig. larg. 5 po. B.

Par le même.

36 Deux Tableaux d'une grande vérité de nature, offrant des études les plus finies de cet artifte diftingué. Ils repréfentent des figures de matelots, vus jufqu'aux genoux, & tenant chacun leur pipe dans des attitudes différentes. H. 7 po. larg. 5 ½. B.

François Mieris.

37 Le Portrait d'un perfonnage hollandais : il eft repréfenté affis près d'une table, couverte d'un beau tapis de Turquie. Cette figure caractérifée tient un verre de la main droite, ayant la tête de trois quarts & couverte d'un chapeau rond, orné d'une plume bleue. H. 6 po. larg. 5. B.

Jean van Derheyden.

38 Un Tableau d'une exécution précieufe, offrant les détails admirables de plufieurs bâtimens construits en briques, & dont le point de vue paroît être pris d'une des portes d'Utrecht. *Adrien van Develle* a placé dans ce morceau curieux différentes figures diftribuées avec art. H. 15 po. larg. 18. B.

Guillaume Mieris.

39 Un Tableau très-extraordinaire au genre de ce maître, & qui par fon grand fini, lui paroît juftement attribué. Il repréfente un groupe de fruits & de fleurs qui fe détache fur un fond de payfage. Au premier plan on remarque une fouris grugeant une noix. H. 17, po. larg. 14. T.

Van Tol.

40 Une jeune & jolie Servante, vue à mi-corps & regardant à une croifée pendant la nuit : elle tient dans fa main gauche une lumière, dont le reflet éclaire tout

le sujet. On ne peut pas souhaiter un morceau plus fin
ni plus gracieux de ce maître. H. 9 po. larg. 7. B.

Jean *Winentz.*

41 Le point de vue d'un paysage orné de fabriques pittoresques en construction de briques, & terminées
dans le genre précieux de *van Derheyden*. Quelques
figures, naturellement distribuées, ajoutent à la richesse
& à l'agrément de ce beau tableau. H. 20 po. larg.
16. B.

G. *Terburg.*

42 Un intérieur de chambre à coucher, où l'on voit une
jeune Dame debout & vêtue d'un corsage jaunâtre,
orné de dentelles d'or & d'une longue jupe de satin
blanc. Elle semble appeler à elle un petit chien assis
sur un tabouret. L'on voit encore dans le fond une
servante occupée à fermer les rideaux d'un lit. H. 24
po. larg. 20. T.

Par le même.

43 Un autre Tableau composé de trois demi figures.
On remarque une jeune femme, occupée à verser
d'une liqueur dans un verre à un cavalier qui est près
d'elle. Il est coëffé d'un grand chapeau rabattu, & occupé à charger sa pipe. H. 12 p. larg. 10. B.

Adam Pinaker.

44 Un Tableau dont l'effet indique une belle soirée d'été.
La partie droite est entièrement occupée par une masse
de fabriques entourées d'une rivière. Le premier plan
est orné d'un bateau où sont quelques passagers prêts
à aborder un abreuvoir où sont des chevaux. La partie
gauche, dans le lointain, est occupée par une isle
agréable, qui se détache sur des montagnes. H. 18
po. larg. 25 B.

G. *Metzu.*

45 Le Portrait d'un artiste dans un costume pittoresque,
représenté de face, coëffé d'un grand chapeau rabattu
& à mi-corps, tenant une pipe de la main gauche.

Il eſt appuyé ſur une table , où ſe voit un grand verre & autres acceſſoires. H. 14 po. larg. 13. T.

Gerard Hout Horſt.

46 Un ſujet de deux figures de grandeur naturelle & juſqu'aux genoux. L'une eſt une jeune bergère , coïffée d'un grand chapeau de paille , & dans l'action de chanter , tandis qu'un jeune garçon l'accompagne de ſa flute. Cette compoſition gracieuſe préſente un des morceaux de choix de ce maître. H. 46 p. larg. 39. T.

G. van Eck Hout.

47 Deux Tableaux repréſentans les portraits d'un miniſtre hollandais & de ſa femme. Ces perſonnages , d'une vérité frappante , ſont vus debout & juſqu'aux genoux , proportion de nature , dans des habillemens noirs , & tenant chacun leur gant dans les mains. Leur attitude & les acceſſoires indiquent qu'ils vont ſe rendre à l'égliſe de leur culte. Ces morceaux , bien peints & portés au degré de vérité imitant la nature , produiſent l'effet le plus marquant dans le haut d'un cabinet ou d'une gallerie. H 4 pied , larg. 3. T.

Albert Cuyp.

48 Le point de vue d'un payſage pris à l'effet d'un ſoleil couchant. Le premier plan eſt enrichi de deux cavaliers , dont l'un eſt occupé à raccommoder la bride de ſon cheval. On diſtingue encore pluſieurs figures qui contribuent à l'intérêt de ce tableau admirable par ſon exécution & ſon harmonie. H. 17 p. , larg. 22. B.

Jean Sten.

49 Un Tableau offrant une des plus agréables & des plus riches compoſitions de ce maître plaiſant. Il repréſente le point de vue d'une guinguette hollandaiſe, où plus de quarante perſonnages ſont raſſemblés ſous un grouppe d'arbres , procurant de belles maſſes. Les effets du ſoleil y ſont portés avec intelligence , & préſentent un enſemble admirable et piquant. H. 20 po. larg. 24. T.

Corneil Poelemburg.

50 Deux petits Tableaux de la plus grande fineſſe & de
ce bel émail de couleur tant recherché dans les productions de ce maître. Ils repréſentent des campagnes
d'Italie, ornées de diverſes figures analogues aux
différens ſites. H. 6 po. 6 lig. larg. 8 po. 6 lig. B.

Par le même.

51 Un autre petit Tableau de la première fineſſe, repréſentant un portrait d'artiſte. H. 4 po. 6 lig., larg. 4
po. C.

Par le même.

52 Le point de vue d'une campagne d'Italie avec fabriques & ruines d'achitecture. Le premier plan eſt enrichi
de diverſes figures & animaux, diſtribués avec autant
de vérité que d'intelligence. H. 12 po. larg. 16 C.

Jean Van Goyen.

53 Un Tableau légèrement colorié, offrant un point de
vue de payſage, dont la partie gauche eſt occupée par
une maiſon ſervant d'auberge où s'arrêtent les voya-
geurs. H. 18 po., larg. 28. B.

Par le même.

54 Un autre petit tableau chaud de couleur, & de la
touche légère & tranſparente de cet artiſte de goût ;
il repréſente un point de vue de la Meuſe, à la gauche
duquel eſt un moulin à vent. H. 12 po. larg. 13. B.

J. B. Croos.

55 Le Point de Vue d'une égliſe de belle conſtruction,
& baignée par une rivière limpide ; le premier plan à
droite eſt orné d'un bateau où des hommes ſe diſpo-
ſent à partir pour la pêche. Cet artiſte, qui a rivaliſé
la manière légère de Vangoyen, a parfaitement réuſſi
dans ce petit tableau. H. 25 po. larg. 30. T.

D'après P. Potter.

56 Le Point de Vue d'une prairie de Hollande où l'on
voit deux chevaux, dont un, brunâtre, ſemble hen-
nir. H. 8 po. larg. 10. B.

57 Un Dentiste dans son laboratoire, & vu à mi-corps par l'ouverture d'une croisée ; précieuse & ancienne copie d'après Gérard Douw. H. 12 po. larg. 8. B.

Signé, *W. O. P. Pater.*

58 Un Tableau du plus précieux fini & tenant aux compositions de Rembrandt ; il représente le sujet d'un sacrifice dans un temple de Vénus. H. 24 po. larg. 17. B.

Ecole de Paul Fergue.

59 Deux Tableaux paysages, représentant des convois militaires & des défilés d'armées. H. 8 po. larg. 11. C.

ÉCOLE FRANÇOISE.

P. H. de Champagne.

60 Une Annonciation. L'ange apparoît à la vierge, que l'on voit dans le recueillement ; le sujet est éclairé par une gloire environnée de plusieurs anges & chérubins. Ce tableau est du plus beau faire de ce grand peintre. H. 27 po. larg. 19. T.

Sébastien Bourdon.

61 Une Composition naturelle & précieusement terminée, dans le genre de *Benboche*, offrant le sujet d'une famille de paysans qui prennent un repas. H. 9 po. larg. 11. C.

Par le même.

62 Un autre Tableau également précieux de touche, & aussi d'une admirable conservation. Il représente des personnages autour d'une table ; l'un d'eux, dans un costume militaire & dans le mouvement de chanter, est accompagné par un vieillard aveugle qui joue du violon, étant appuyé contre un gros arbre. Même grandeur du précédent. C.

Laurent de la Hire.

63 Saint Jean l'évangéliste écrivant l'Apocalypse dans l'île de Pathmos, & dans le moment qu'une figure mystique lui apparoît dans un nuage. Ce tableau, distingué par sa haute qualité, se trouve gravé dans l'œuvre de la Hire. H. 42 po. la g. 34. T.

Ant. Watteau.

64 Un petit Tableau touché avec esprit, offrant une composition de six figures à l'imitation du genre de *Teniers*; on y remarque un homme & une femme qui dansent au son d'un violon. H. 9 po. arg. 7. B.

F. Desportes.

65 Une chatte défendant ses petits à l'approche d'un chien. H. 30 po. larg. 36. T.

J. B. Pater.

66 Deux Tableaux des plus fins de ce maître agréable dans son genre, offrant divers sujets champêtres. H. 20 po. larg. 24. T.

C. Vanloo.

67 Sainte-Catherine en extase, & foulant à ses pieds l'idole cause de son martyre; cette figure richement drappée dans le style de Cortonne, est un des ouvrages distingués de ce maître. H. 24 po. larg. 19. T.

Par le même.

67 *bis.* Une des compositions heureuses de cet artiste, offrant le sujet allégorique d'un grand protecteur des arts, dont la parque va trancher les jours. On y compte plus de vingt figures de 10 pouces de proportion, formant différens groupes des plus agréables & de cette exécution facile & brillante, qui caractérise l'habile peintre. Nous assurons les amateurs qu'il est peu de composition plus capitale & plus digne de fixer leur attention. H. 30 po. larg. 25. T.

Joseph Vernet.

68 Deux Tableaux du meilleur tems d'Italie de ce grand

artiſte , & que l'on peut conſidérer comme de ſes ouvrages capitaux & des plus étudiés dans tous leurs détails ; ils repréſentent différens points de vues de
Naples du côté de la mer, & ſont ornés ſur les premiers plans d'une quantité de figures variées de coſ-
tumes & d'attitudes, & de cette touche ſavante qui
juſtifie les études brillantes de Joſeph Vernet, d'a-
près les grands maîtres qui l'ont inſpiré à porter ſon
genre à ce degré marquant. On diſtinguera dans l'un ,
& ſur un plan éloigné, le Véſuve toujours brûlant,
& d'où ſort une fumée légère ; dans l'autre, un grand
arbre bien feuillé occupant le milieu de la compoſition,
& qui ſe détache admirablement ſur un ciel argentin.
H. 3 pieds, larg. 6. T.

Nota. Le motif qui aſſait différer la vente de ces deux
ſuperbes tableaux, à l'expoſition qui vient d'en être
faite, eſt le même que pour la belle commode , numéro . . . de notre préſent catalogue.

Par le même.

69 Deux autres beaux tableaux, offrant encore des productions marquantes de ce grand artiſte pendant ſes
études en Italie, & portant la date de 1747 ; ils repréſentent des ſujets de marine, l'un pris à l'effet du
ſoleil couchant, l'autre pendant une fraîche matinée.
Tous les détails & la richeſſe dont ce genre intéreſſant eſt ſuſceptible , y ſont traités avec force & énergie. H. 17 po. larg. 22. T.

J. B. *le Prince.*

70 Une jeune Femme vêtue en ſultane ; elle eſt repré-
ſentée de face & aſſiſe ſur un ſopha, & paroiſſant occupée d'une penſée riante : à gauche du ſujet, l'artiſte
a placé un trépied de forme antique ſur lequel eſt une
caſſolette où brulent des parfums. H. 26 po. larg. 32.
T.

Vien.

71 Une jeune & jolie Femme endormie & couchée ſur
un lit de forme antique, couvert d'un ſatin blanc ;

cette figure gracieuse est, en partie, drapée par une chemise d'un linge transparent qui laisse parfaitement sentir le nud. H. 26 po. larg. 32. T.

Louis Lagrenée.

72 Vénus au bain ; cette figure gracieuse est représentée assise sur de belles draperies, & se détache agréablement sur un fond de paysage ; à la droite du tableau sont deux colombes qui se becquetent. H. 26 po. larg. 32. T.

J. B. Greuze.

73 Deux Études artistement touchées, offrant le buste d'un jeune garçon, & celui d'une fille coeffée d'un bonnet rond. H. 15 po. larg. 12. T.

Casanove.

74 Une Halte militaire. La partie gauche est occupée par une tente dressée sur des branchages, & l'on voit un soldat caressant une vivandière. H. 26 po. larg. 32. T.

Par le même.

75 Un autre Tableau ; étude d'un Taureau dans une prairie, & librement touché au premier coup. H. 13 po. larg. 16. T.

Jean Lepicier.

76 Une jeune Blanchisseusse sortant de son lit & occupée à se chauffer ; des ustenciles de ménage & autres accessoires contribuent à l'agrément & à l'iné êt de cette composition naïve : une touche légère & un dessin très-spirituel caractérisent les productions de cet artiste. H. 26 po. larg. 33. T.

Honoré Fragonard.

77 Une jeune Fille couchée sur le dos, & dans un lit voluptueux, s'amusant avec un joli épagneul auquel elle présente une gimblette ; ce morceau très-plaisant est touché avec un goût & une facilité admirables ; il est gravé sous le titre de la Gimblette. H. 26 po. larg. 32. T.

Jean Loutherbourg.

78 Un Tableau exécuté avec une grande énergie, & d'un effet de couleur le plus vigoureux ; il représente un rempart au bord duquel s'élève une tour ; du même côté sont quatre hommes dans une barque qui luttent contre les flots & cherchent à aborder ; on voit encore différens personnages, sur les murailles, qui semblent effrayés, & quelques-uns d'entr'eux qui vont jeter des cordages pour secourir ces malheureux. H. 30 po. larg, 22. T.

Par le même.

79 Un autre Tableau, même genre & aussi frappant de composition. L'artiste a placé dans le milieu de ce point de vue effrayant de vérité, trois matelots occupés à retirer de l'eau un mât auquel un naufragé se tient attaché. Haut. & larg. du précédent. T.

Fidence.

80 Le Point de Vue d'une marine pris à l'effet d'un brouillard que le soleil levant commence à dissiper ; les différentes figures qui enrichissent les premiers plans de ce beau tableau indiquent les études brillantes qu'a fait cet artiste d'après *Salvator Rose*, & qui a lutté avec succès contre notre célèbre *Vernet*. H. 36 po. larg. 51. T.

J. J. Prevost.

81 Deux corbeilles remplies de différentes fleurs. H. 24 po. larg. 18. T.

Tierfonnier.

82 Danaée couchée sur un lit, & recevant Jupiter transformé en pluie d'or. H. 4 pieds . larg. 4 pieds & demi. T.

Hilaire, élève de le Prince.

83 Une Composition agréable & nombreuse en figures, offrant le sujet d'une fête de village dans une ferme. H. 15 po. larg. 20. B.

Lemay.

Lemay.

84 Le Point de Vue d'une mer agitée, dont la partie droite
du tableau préfente les débris d'un vaiffeau naufragé ;
diverfes figures analogues au fujet contribuent à préfenter un des plus beaux ouvrages de cet artifte avan-
tageufement connu, H. 36 po. larg. 48. T.

85 Moyfe, enfant, foulant à fes pieds la couronne de
Pharaon ; compofition de quatorze figures, par un
artifte français. H. 3 pieds, larg. 4. T.

---

86 Différentes belles Gouaches, Deffins & Eftampes
faifant fuite du cabinet, mais que le tems ne nous a
pas permis de détailler comme plufieurs morceaux
l'auroient mérités, feront détaillées fous ce numéro.

Figures & Buftes de marbre.

87 Le Gladiateur mourant. Ce morceau capital en
marbre blanc de belle qualité, eft une des plus heu-
reufes copies qui ait été faite d'après ce chef-d'œuvre
de l'antiquité ; on voit rarement des ouvrages de
fculpture auffi confidérables paffer dans les ventes.

88 Un autre beau morceau, auffi en marbre blanc,
charmante copie d'après la jeune Grecque antique
qui joue aux offelets. Cette figure gracieufe eft de
proportion demi-nature.

89 Une belle figure de Baigneufe, & pour pendant le
Berger Pâris. H. 26 po., compris la plinte de même
marbre.

90 Deux forts buftes de Calcas & Iphigénie, en beau
marbre, ftatuaire ; par *Slodiz*.

91 Un autre bufte de Faune.

92 Un joli bufte d'Enfant, par *Pajou.*

93 Une des plus agéables figures qui foit fortie du ci-
feau de Monnot, repréfentant l'Amour, de grandeur

naturelle , dans l'attitude de tendre fon arc. Ce morceau confidérable , & du travail le plus précieux , eft porté fur un fût de colonne en marbre noir & blanc , enrichi d'un chapiteau à oves accompagné de guirlandes a feuilles de laurier ; le tout eft porté fur un grand focle quarré en vert de mer. H. tot. 7 pieds 6 po.

94 Une jolie figure d'Erigone affife & endormie fur une peau de lion ; ce marbre agréable eft placé fur un riche focle en cuivre doré d'or moulu.

95 Une figure en terre cuite , de la petite Flore de Taffaert ; ce morceau agréable eft fous cage de verre , endommagé.

96 Une figure de Léda , en plâtre.

96 *bis*. Tête d'albâtre , ouvrage antique qui a été trouvée dans une fouille faite a Lyon , dans la montagne de *Fourvière*. Ce morceau curieux eft digne de fixer l'attention des amateurs en ce gence.

Figures , Groupes & Buftes en Bronze.

97 Une figure de bronze , proportion de moyenne nature , repréfentant l'Apolline , imitation la plus exacte de cette belle ftatue antique ; les circonftances qui font paroître dans la curiofité des morceaux auffi purs d'exécution & auffi capiteaux font tellement rares que nous n'entrerons dans aucun des éloges & des détails qu'ils méritent ; nous croyons plus marquant & plus caractérifé d'en laiffer la furprife aux amateurs. Hauteur, compris la plinte en marbre , 4 pieds 6 po. On prévient qu'un morceau de marbre qui forme le tronc d'arbre , fur lequel eft appuyée la figure , eft fracturé.

98 Deux forts buftes de Philofophes en bronze ; ces morceaux , d'une fonte admirable & du plus grand caractère , font portés fur des pieds-douches en marbre breche violette. Haut. tot. 16 po.

99 Un autre fort bufte , auffi d'un Philofophe, fur fon pied de marbre , & repréfentant Homère.

100 Vitellius ; très-beau buste , proportion du précédent.

101 Une figure de Cléopâtre sur un socle de marbre blanc, richement sculpté & encadré d'une moulure en cuivre, & supporté par quatre boules.

102 Deux très-beaux groupes des palfreniers de Marli , par *Couftou* ; ces morceaux, très-bien réparés, font placés sur des focles quarrés à moulures en cuivre doré d'or moulu.

103 Deux autres bronzes très beaux, représentans les renommées des Tuileries ; c'eft le modèle avec les palmiers qui fupportent le poids des chevaux, & qui font décorés des riches trophées militaires; ils font fimplement fur leurs plintes de même fonte.

104 Un autre bronze très fin . grouppe de trois figures repréfentant Apollon qui pourfuit Daphné.

105 Deux petits buftes d'Empereurs fur pieds de bois noirci.

106 Hercule combattant un Lion ; joli bronze fur plinte de porphire rouge , élevé de quatre boulles en cuivre doré.

107 Une autre jolie figure de Gladiateur ; petit model foigneufement réparé.

108 Deux buftes de Femmes en bronze & de la plus belle fonte, dont celui de Niobé ; ils font de forte nature & portés fur des pieds douches en bois noirci.

109 Le Mercure de Jean de Boulogne ; très-beau bronze de la proportion de 20 pouc.

110 Deux figures de Satyres, homme & femme , artiftement touchées par Dumont ; ces morceaux de caractères ont été difpofés pour fupporter des torchères. Haut., compris leurs plintes quarrées en cuivre doré, 30 po.

111 Deux forts Lions, par le même, & compofés pour faire un feu, de bon ftyle ; on y joindra leurs grilles en fer.

B 2

Vases de porphire , granit , serpentin & autres marbres rares.

112 Un fort Vase de la belle qualité de porphire rouge & forme d'Urne avec anses très - ouvragées prises dans la masse ; le culot & le couvercle sont à cannelures qui suivent la forme ronde du morceau que nous indiquons comme un objet très marquant dans ce genre distingué de la curiosité. H. 27 po. , compris le pied douche ; diamètre du dehors des anses , 18 po. On joindra à ce bel article la colonne de porphire décrite sous le n°. 128.

113 Deux autres Vases, encore d'une grande distinction & d'une qualité curieuse, en porphire de ton violet granité de taches bien distinctes ; leur forme est ovale , dite en nacelle, & couverts avec anses de consoles prises dans la masse. Haut. , compris les pieds-douches & plintes de même matière, 25 po. ; long. , du dehors des anses, 20 po.

    Nota. Ces Vases sont portés sur des grands socles quarrés, plaqués en breche violette, qui feront partie de l'article.

114. Deux beaux Vases de porphire vert, forme d'œuf, terminés en vousslures avec anses quarrées prises dans la masse & purement évidées ; ils sont couverts & montés de gorges à jour en cuivre doré : cet article précieux est encore enrichi de doubles socles, l'un en cuivre, l'autre en brocatel, & supporté sur quatre boules. H. tot. 20 po.

115 Deux autres Vases, forme d'urnes sépulchrales, en basalte de ton verdâtre, & ornés d'anneaux, liens de corde, pommes de pin & plinte unie en cuivre doré H. tot. 19 po.

116 Deux Vases de la plus grande beauté pour la forme & pour la pureté de leur exécution ; ils sont de granit gri ·   ·   ·   & cannelures, qui se terminent

... ec couvercles & pieds
même travail ; ces morceaux, placés sur les colonnes
de granit rose orientale, n° 129, produisent l'ensemble
le plus distingué & le plus imposant. Il sera facile aux
enchérisseurs de se procurer le tout, vu que les deux
articles se suivront immédiatement.

117 Deux Vases de la plus grande beauté, & de belle
qualité de marbre vert antique ; ils sont de forme ovale,
en gondoles avec anses doubles à feuilles d'ornement,
où sont ajustées des guirlandes de fleurs & de fruits. Ces
morceaux, recommandables & précieux, sont couverts, & avec pieds douches de même matière, sur
de riches socles en bronze.

118 Un fort Vase de marbre serpentin, de belle qualité. Il est oval, couvert & forme d'urne. Ce morceau, d'une grande distinction en ce genre, est orné
de deux figures d'enfans satyres, dorés au mat, &
occupés à attacher une guirlande de laurier autour
du collet. H. 17 po. larg. 16.

119 Deux très-forts Vases en marbre vert d'Egypte ou
d'Ecosse, forme d'urne & du plus beau volume, richement décorés de figures de tritons & guirlandes
de chêne, en cuivre, parfaitement cizelé & doré d'or
moulu, avec de riches plintes de même genre. Les
amateurs rencontrent rarement des morceaux aussi
marquans & magnifiques, comme aussi de plus belle
matière. Haut. totale 28 po. diamètre 12.

120 Une jolie Coupe en marbre jaune de Sienne, placée
sur tronçon & plinte en serpentin, avec grand socle de
granit noir & blanc.

121 Deux Socles aussi en marbre jaune de Sienne.

122 Deux jolis Vases de marbre, espèce de brêche,
fleur pêche, garni de masques de faune, anses, collets
& pieds en cuivre doré d'or moulu. H. 12 po.

123 Deux Vases de marbre nommé petit antique ; ils
font de forme ovale, avec de larges bandeaux sur
le corps.

124 Deux Vases de marbre portor , forme d'œuf.

125 Un Vase d'albâtre , garni de bronze & très-en-
dommagé.

126 Deux autres Vases en granit des Vosges.

127 Un Vase de marbre brèche violette , forme d'œuf
& très-peu évide. H. compris le pied d'ouche , 17 p.

Colonnes et Tables précieuses.

128 Une forte colonne tronquée en porphyre rouge de
belle qualité, avec son tor plinte de marbre blanc.
H. 33 po. & 15 de diamêtre. Le beau Vase, n° 112 ,
fera réuni à cet article capital & marquant dans son
genre.

129 Deux magnifiques Colonnes cannelées en granit
rose orientale de la plus belle qualité , avec chapiteaux enrichis de frifes en cuivre , bien cizelés &
dorés, ainsi que leurs tors. Le tout est porté sur de
grands socles quarrés, plaqués de pareil granit. Cet
article capital préfente un des ouvrages étonnans qui
ait été fait dans ce genre. Les proportions & le travail
en font admirables. H. totale 56 po.

130 Deux belles Colonnes de granit gris des Vosges,
avec chapiteaux rapportés, même qualité & socle de
marbre verd de mer. Cet article est encore bien
marquant dans son genre, & la matière d'un beau
choix. H. totale 54 po.

131 Une précieuse Table de porphyre rouge, de 10
lignes d'épaisseur sur 36 po. de longueur & 16 po. 6
lignes de profondeur , sur son pied de bois sculpté &
doré.

132 Une autre belle Table , composée d'échantillons
de marbre rare & albâtre , ouvrage de rapport fait
à Florence. Ce morceau , bien conservé , est placé
sur un pied de bois sculpté & peint en gris, Long.
4 pieds , prof. 27 po.

133 Une Table de toute épaisseur & de la plus-rare
qualité, en marbre verd de mer, sur un riche pied
plaqué en ébène, richement décoré d'ornemens en
brouze, parfaitement cizelé & doré. Long. 61 po. 6
lig. prof. 24 po. 6 lig.

Porcelaines anciennes du Japon, de la Chine & de France.

133 bis. Deux beaux Vases forme d'urne, en porcelaine du
Japon, première sorte, à trois cartouches, fond blanc,
à figures de pagodes, branchages & oiseaux coloriés.
Ces deux morceaux distingués dans leur genre, sont
garnis de fortes gorges à oves & pieds en cuivre
doré.

134 Deux bouteilles de même qualité à quatre pans &
tiges de fleurs coloriées, garnies de bouchons & pieds
en cuivre doré sur socle de marbre verd antique.

135 Quatre Tasses de même qualité & deux soucoupes.

136 Deux Mortiers à huit pans & bords bruns avec
magots & fleurs coloriées au pourtour, placés sur socle
de marbre verd de mer.

137 Deux Drageoires, montés sur pieds de cuivre à
griffe de lion, avec plateaux de même qualité, à dra-
gons, tiges de fleurs & oiseaux.

138 Deux très beaux Vases de porcelaine bleu céleste à
écailles de poissons, demi-relief, avec serpents en-
trelacés, marquant les anses. Ils sont garnis de collets
& pieds en cuivre doré.

139 Deux autres morceaux de même porcelaine, montés en pots-pourris & garnis en argent, surmontés de
lyon-chymère, & portés sur de beaux socles en jaune
de Sienne.

140 Une Théyère, forme de fruit, de porcelaine, ancien violet, jaspée en bleu céleste, sur son plateau de

belle qualité, garnie de bords à tige de jasmin en cuivre doré d'or moulu.

141 Deux Jattes de belle formes, aussi ancien violet, garnies de bords, anneaux & rubans en cuivre doré, avec plateaux de même qualité, aussi richement garnis.

142 Deux très-beaux Aigles, adhérents à des rochers sur terrasse en cuivre & contournés, avec socles de verd de mer, ancienne roche. Ces deux morceaux rares en ce genre méritent l'attention des amateurs.

143 Un Pot Pourri de porcelaine, truité fin, à desseins de branchages, tracés en or, garni de collet, chaînons en cuivre, avec pieds en limaçon.

144 Deux très-beaux Magots en porcelaine, truité fin: ils sont accroupis & placés chacun devant des petits barils formant pots pourris; le tout placé sur de beaux socles de marbres portor à huit pans, richement ornés de bronzes.

145 Un charmant morceau de Porcelaine, truité fin, en forme de pannier, faisant pot-pourri.

146 Deux Vases précieux en forme de gourdes, garnis de jolies figures de satyres, assises sur consolles & regardant l'intérieur des vases. Ils sont garnis de pieds en cuivre & sur leur socle de griotte d'Italie.

147 Un très-beau Magot en porcelaine, truité fin, assis sur un tronc d'arbre, aussi en porcelaine.

148. Une magnifique garniture, composée de sept vases de différentes formes, en porcelaine, céladon de ton clair. Cet article, distingué dans son genre, est décoré de riches ornemens en bronze, d'ancien genre, parfaitement ciselés & dorés d'or moulu.

149 Un Rocher, adhérent à son plateau, sur le haut duquel est perché un oiseau. Ce morceau curieux est garni d'un socle en cuivre.

150 Une Bouteille, céladon claire, à côtes, ornée de

têtes d'aigles , groupe de grenades, & pied en cuivre
doré.

151 Deux caisses, quarré long , ancien céladon à dessins , tracés en rouge , avec des anses forme de dents
d'éléphant , & groupes de fleurs de reliefs sur le couvercle.

152 Deux Rochers formant pots - pouris & surmontés
chacun d'un lion chimère , & placés sur terrasse en
cuivre doré d'or moulu.

153 Un Magot déchaîné , ajusté de draperies céladon.

154 Deux Magots grotesques & à gros ventres, tenant
chacun un écran de la main droite , & placés sur des
rochers à tiges de fleurs , avec terrasse en cuivre et
socle de brèche rouge.

155 Un grand Vase de belle forme à anses à la grecque,
prises dans la masse , à dessins de tiges d'arbres &
oiseaux tracés en bleu , sur un très-beau socle de
marbre portor , élevé de quatre boulles.

156 Deux morceaux singuliers , figurant des groupes de
roseaux avec léopards, placés sur un rocher adhérent,
pieds en cuivre doré & socle de lumakel.

157 Deux Vases forme de bouteilles , bleu turque , à
panses plates , avec petites anses de perruches & couvercles à chimères.

158 Une Bouteille , fond citron , à dessins de rosettes
bleu, garni de pieds à draperies en cuivre doré.

159 Une Theyère en terre brune , dont le couvercle est
endommagé , avec sa jatte de même qualité.

160 Une petite theyère fond bleu à panneaux renfoncés,
sujets de coqs.

161 Deux Carpes de porcelaine de la Chine , rapportées
sur des rochers de même qualité.

162 Un petit Vase de porcelaine jaspée , garni de têtes de belliers, & colliers en cuivre doré.

163 Un autre Vase de forme allongée, jaspé en gris & violet, garni de collet & chûte de lauriers, avec pied de même genre, en cuivre doré.

164 Un très beau Vase de porcelaine de la Chine, fond bleu clair, à desseins tracés en blanc. Il est garni d'anses à têtes de belliers, collet, boutons & pieds en cuivre doré.

165 Une Bouteille de forme allongée, fond jaspé bleu clair & violet, garnie d'un collet à cannelures, guirlandes de lauriers & pied à moulures tourné, en cuivre doré moulu, avec socle de marbre portor.

166 Deux Lapins blotits dont les oreilles, sont à filets dorés & fond rouge.

167 Une Bouteille, forme de gourde, fond chocolat, à desseins de fleurs demi-relief, tracés en blanc, garni de collet, chaînon & pied en cuivre doré, sur socle de marbre portor.

168 Deux Coqs de porcelaines, d'ancien blanc, adhérente à leur terrasse, coloriée à fruits de grenades en relief, dont quelques feuillages sont endommagés.

169 Un Héron en porcelaine, ancien blanc, & rocher céladon.

170 Deux Bouteilles, ancien blanc, à fleurs de relief garnies de collets & pieds en cuivre doré.

171 Un fort Vase de porcelaine bleu & blanc, sur socle de marbre veiné.

172 Deux autres Vases, forme de rouleau, même qualité.

173 Trois Vases de la forme la plus élégante, fond citron, avec petits médaillons en miniatures, à sujets Chinois coloriés. Cet article est de grande valeur & distingué dans son genre. Porcelaine de Sèvre.

Pendules des plus riches modéles.

174 Une Pendule à cadran tournant, montée dans un fort
vaſe de bronze, orné de bas-reliefs au pourtour les
anſes ſont en forme de ſerpens enlacés, dont un
marque les heures de ſon dard. Cette pièce riche &
diſtinguée eſt placée ſur une très-belle colonne de
marbre, grand antique, noir & blanc; haute de 4
pieds & demi.

175 Une autre belle Pendule, par *Julien Leroy*, dans
ſa boëte en portique, ſur laquelle eſt appuyée une
figure aſſiſe, repréſentant l'étude en bronze verni : le
tout placé ſur un grand ſocle d'ébène, richement décoré de bronze doré.

176 Une grande Pendule en cartel, par *Stotteweck*,
à Paris, dans ſa boëte à figures d'enfans, de couleur
bronzé, dont un caractériſe la Renommée.

177 Une autre pièce de même forme & même volume,
faiſant ſuite à l'article précédent, offrant un thermo-
mêtre à cadran, par *Bourdon*, à Paris.

Meubles précieux en marqueterie par Boulle, en vieux laques & ouvrages de Florence.

178 Un grand & magnifique meuble dans la forme d'une
commode, diviſée en trois parties, ouvrantes ſur
pivots, le milieu en avant corps eſt orné d'un
tableau en relief, ouvrage de Florence, repréſentant
un vaſe rempli de branchages et fruits, compoſés
des matières les plus rares & des plus précieuſes; qualité de lapis lazuli, agathes, cornalines & jaſpes. De
chaque côté du paneau que l'on vient de décrire, ſont
deux autres portes enrichies, chacune de trois tableaux
de relief, ſujet de fruits & oiſeaux, également formés
de lapis & autres pierres précieuſes, figurant des
tiroirs par des encadremens de moulures : les côtés,
en retour, ſont ornés de douze tableaux en pierres
de rapport, du plus beau travail de Florence, &
pareillement diviſés de cadres à moulures de cuivre.
Divers ornemens dorés d'or moulu, ſelon le goût du

tems où ce meuble capital a été composé, contribuent
avec avantage à présenter l'ouvrage le plus riche &
le mieux conditionné qui soit sorti de la maison Da-
guerre & compagnie. Les changemens d'ornemens
que l'on a paru desirer à l'exposition dernière qui
vient d'être faite de ce meuble marquant & unique
dans son genre, peuvent être fondés sur le goût & la
mode actuel ; mais aussi ne lui ôteroit-on pas cet ensemble magnifique, & devroit-on simplement se borner
à échanger le dessus de marbre blanc contre un porphyre ou un granit.

À l'égard de cet article, dont la vente publique
avoit été annoncée pour le 8 messidor dernier, sept
heures du soir, nous devons compte aux amateurs
qui pouvoient y prétendre, que si le propriétaire en a
suspendu l'effet, ce n'a été que d'après la résolution
prise d'exposer tout le cabinet, & de ne rien déranger
dans son ensemble. Hauteur de ce meuble imposant,
3 pieds, longueur 4 pieds 8 pouces.

179 Une grande & belle Commode à panneaux de
laque, fond noir, à dessins de paysages Chinois,
châteaux & oiseaux, tracés en or, demi-relief. Ce
meuble, d'une composition mâle, est orné de quatre
fortes figures en cariatides, beaux cadres de moulures
& frises d'ornement en cuivre, parfaitement doré d'or
moulu. Son dessus est en marbre bleu turquin. Long.
4 pieds 10 po. profondeur, 25 po.

180 Deux belles Encoignures, pouvant faire suite
à l'article précédent. Elles sont à panneaux de vieux
laques à fond noir, à vase de fleurs, de relief en or.
Les ornemens sont semblables à ceux de la belle commode que nous venons de décrire, & leurs dessus d'al-
batre oriental de toute épaisseur.

181 Un Cabinet en marqueterie, première partie, cuivre
& étain, sur fond écaille, richement garni d'ornemens
en bronze, doré d'or moulu, et placé sur un pied à
quatre gaines & entrejambes, également orné de
belles fontes dorées. Ce meuble, agréablement com-

posé, est encore décoré d'une pendule de forme ronde, marquant le milieu, & surmontée d'une belle figure du tems. Haut. totale 72 po.

182 Une très - belle Armoire , aussi en marqueterie, seconde partie, & ouvrant à deux venteaux qui sont décorés de figures & médailles allégoriques. Ce meuble , de bon style & parfaitement établi, porte 48 po. de haut. sur 46 de larg.

183 Un autre meuble semblable & aussi riche pour les ornemens, supérieurement doré d'or moulu.

184 Une autre Armoire, même forme des précédentes, a un venteau, dont le milieu est décoré d'un grand médaillon, sujet d'histoire, composition de quatre figures. Les ornemens divers qui sont distribués avec autant de goût que d'intelligence, donne à ce morceau toute la richesse & l'intérêt qui lui convient. H. 46 po. larg. 32.

185 Un autre Meuble semblable, pour la dimention & les ornemens.

186 Une Armoire à hauteur d'appui, divisée en trois portes , dont celle du milieu en avant corps est ornée d'une figure en relief, & accompagnée de trophées d'instrumens. Les autres panneaux sont en glace & garnies de draperies en taffetas verd. Ce meuble, première partie, & richement orné de belles fontes dorées d'or moulu, porte 36 po. de haut. sur 54 po. de larg.

187 Un autre Meuble tout semblable & aussi première partie.

188 Deux très-belles Guaines, dites à tablier, en marqueterie , seconde partie , & décorées des plus riches ornemens en bronze doré. H. 55 po.

189. Une autre forte Guaine, même travail que les précédentes, mais variée de forme; elle est ornée de moulures d'encadrement, avec masque de faune & mufles de lions sur les angles , & terminée du haut par un quart de rond à oves. H. 5 pieds.

190 Une charmante Table de marqueterie, première
partie, sur son pied à quatre guaines cannelées &
ornée de chapiteaux & autres ornemens en cuivre
parfaitement sizelés dorés d'or moulu. Son dessus est
un beau marbré de Sienne, & porte de longueur
29 po. sur 18 de profondeur.

191 Un grand & magnifique Bureau plaqué en ébène,
avec son caisson & serre papiers, richement décoré
de figures en coriatides, masque d'Apollon, encadrement de moulures ; corderon & autres ornemens en
cuivre doré. Ce meuble, du meilleur genre, dans le
style de Boulle, est encore orné d'une superbe pendule en globe & à cadran tournant, du nom de
Stollwerek, à Paris. Divers accessoires bien traités
contribuent à former le plus bel ensemble, & présente un des meubles distingué qui ait été établi dans ce
genre. Sa longueur totale est de 7 pieds, profondeur
3 pieds 5 po.

192 Un lustre à six lumières & d'une forme agréable,
sur sa monture de cuivre argenté. Il est composé de
différentes pièces de cristal de roche, de la belle
taille de Milan ; comme pyramides, pendeloques,
enfilages & boule forme de poire. A l'égard des morceaux en cristal de Bohême, qui ont été ajoutés pour
le compléter, il en sera dressé un état exacte pour en
rendre compte au public lors de la vente. Haut. totale
6 pieds.

193 Deux Chandeliers de bouillotte.

194 Quatre petits Flambeaux à colonne.

Pierres gravées en creux & reliefs, montées en bagues.

195 Enlèvement de Ganymède.

196 Tête de Minerve casquée, calcédoine.

197 Vénus Anadyomène, cornaline.

198 Bague gravée en creux fur cornaline : au milieu le
bufte de l'Amour, & Pſyché, repréſenté par un pa-
pillon.

199 L'Amour, fur un char traîné par deux lions, camée.

200 Mercure, avec les attributs du commerce et l'abon-
dance, cornaline.

201 Tête d'Hercule jeune, prime d'émeraude.

202 Jole, cornaline.

203 Sacrifice à la Déeſſe de la ſanté, cornaline.

204 Sacrifice à Priape, cornaline.

205 Le même ſujet.

206 Une Figure en pied près d'un vaſe, prime d'émé-
raude.

207 Bufte d'Homère, ſardoine.

208 Léandre nageant, eſpèce de jade.

209 Tibère, agate-onix.

210 Germanicus, *idem.*

211 Caligula, *idem.*

212 Veſpaſien, nicolo-ſardoine.

213 Trajan, nicolo-cornaline.

214 Peſennius Niger, cornaline.

215 Tête inconnue, jaſpe rouge.

216 Tête inconnue, nicolo à trois couches.

217 Tête de vieillard, ſardoine rubannée.

218 Tête inconnue, ſardoine claire.

219 Bufte de jeune Homme, fragmenté; jaſpe rouge.

220 Tête d'enfant, camée, prime d'émeraude.

221 Un petit insttrument très-précieux dans la forme du piano, & qui se touche de la même manière, appelé l'*Harmonica*. Cet article bien traité dans une boîte d'acajou, est extrêmement curieux par sa perfection.

222 Divers objets en tout genre, s'il y a lieu, seront détaillés sous ce n°.

FIN.

De l'Imprimerie du JOURNAL DE PARIS, rue J. J. Rousseau, N° 14.